Yunnan Sheng Gonglu Jianshe Gongcheng
Anquan Shengchan Guanli Biaozhunhua Yongbiao Zhinan

云南省公路建设工程
安全生产管理标准化用表指南

云南省交通运输厅工程质量监督局
云南省交通科学研究院 编著

人民交通出版社
China Communications Press

内 容 提 要

本指南以“格式统一、内容齐全、方便使用”为原则，通过对云南省公路工程安全生产管理中施工、监理、建设、监督等单位使用的表格进行梳理、统一和归纳，解决了各参建单位在生产过程中安全痕迹记录台账不规范、不统一、不齐全的问题，达到了项目安全管理更加规范、管理过程更加合理、安全施工更加到位的效果。本指南所述表格包括：通用表，施工单位专用表，监理单位专用表，建设、监管单位专用表及其他用表。

本指南可供从事云南省公路建设工程项目的政府监督、建设、施工、监理单位安全管理人员使用，亦可供其他省市相关技术、管理人员参考使用。

图书在版编目（CIP）数据

云南省公路建设工程安全生产管理标准化用表指南 / 云南省交通运输厅工程质量监督局，云南省交通科学研究院编著.—北京：人民交通出版社，2014.3

ISBN 978-7-114-11258-4

Ⅰ.①云… Ⅱ.①云… ②云… Ⅲ.①道路施工—安全生产—标准化管理—云南省—指南 Ⅳ.①U415.12-62

中国版本图书馆CIP数据核字（2014）第045537号

书　　名：云南省公路建设工程安全生产管理标准化用表指南
著 作 者：云南省交通运输厅工程质量监督局
　　　　　云南省交通科学研究院
责任编辑：孙　玺　尤　伟
出版发行：人民交通出版社股份有限公司
地　　址：（100011）北京市朝阳区安定门外外馆斜街3号
网　　址：http://www.ccpress.com.cn
销售电话：（010）59757973
总 经 销：人民交通出版社股份有限公司发行部
经　　销：各地新华书店
印　　刷：北京市密东印刷有限公司
开　　本：787×1092　1/16
印　　张：7.75
字　　数：198千
版　　次：2014年3月　第1版
印　　次：2017年7月　第2次印刷
书　　号：ISBN 978-7-114-11258-4
定　　价：35.00元

《云南省公路建设工程安全生产管理标准化用表指南》

编　委　会

前 言

为深入贯彻党中央、国务院关于加强安全生产工作的一系列部署，牢固树立“以人为本，安全发展”的科学理念，进一步强化云南省公路工程安全生产基层和基础工作，贯彻落实交通运输部平安工地建设、安全标准化建设的相关要求，依据相关法律法规文件，通过对云南省公路工程安全生产管理中施工、监理、建设、监督等单位使用的表格进行梳理、统一，编制完成了《云南省公路建设工程安全生产管理标准化用表指南》（以下简称《指南》）。

本《指南》按照“格式统一、内容齐全、方便使用”的原则，明确了公路工程参建各方在项目管理过程中的各类安全管理台账、标准用表，并通过标准用表指导公路工程安全管理，进一步解决了各参建单位在生产过程中安全痕迹记录台账不规范、不统一、不齐全的问题，达到了项目安全管理更加规范、管理过程更加合理、安全施工更加到位的效果，可全面提高安全管理绩效、全力推进云南省公路建设安全标准化建设，有效提升行业安全水平。

在本《指南》的编制过程中，编委会通过现场调研、资料收集，结合相关法规、标准、规范和有关管理规定，广泛征求云南省建设、监理和施工单位的意见和建议，经多次修改，并通过专家组评审，最终形成本《指南》。在此对云南省公路局、云南省公路开发投资有限责任公司、云南大丽高速公路建设指挥部、云南武昆高速公路建设指挥部、云南石锁高速公路建设指挥部、云南昭麻高速公路建设指挥部、云南云路工程监理咨询有限公司、中国云南路建集团股份公司、云南第二公路桥梁工程有限公司、云南第三公路桥梁工程有限责任公司、云南路桥股份有限公司、云南阳光道桥股份有限公司和云南云岭高速公路工程咨询有限公司等单位在《指南》的编制过程中给予的大力支持和帮助表示衷心的感谢。

因本《指南》初次编制，难免存在不足之处，欢迎各使用单位、个人提出宝贵意见和建议，请反馈至云南省交通科学研究院-云南省交通运输厅安全研究中心或云南省交通运输厅工程质量监督局，以供本书修改完善。

编著者

2013年12月

目　录

1 标准用表设计说明

1.1 编制依据

标准用表的编制主要依据现行有关安全生产的国家法律、行政规章、地方法规、行业标准及相关安全操作规程。其主要依据如下：

（1）《中华人民共和国安全生产法》；

（2）《建设工程安全生产管理条例》；

（3）《安全生产许可证条例》；

（4）《生产安全事故报告和调查处理条例》；

（5）《公路水运工程安全生产监督管理办法》；

（6）《公路工程施工安全技术规程》（JTJ 076—1995）；

（7）《企业安全生产标准化基本规范》（AQ/T 9006—2010）；

（8）《云南省公路工程安全生产暨"平安工地"检查评价办法（试行）》；

（9）《公路工程施工监理规范》（JTG G10—2006）；

（10）《公路工程竣（交）工验收办法实施细则》；

（11）《交通运输行业建设工程生产安全事故统计报表制度》；

（12）《云南省公路建设项目危险性较大的分部分项工程专项方案安全管理办法》；

（13）《云南省公路建设工程安全生产费用管理暂行规定》；

（14）《云南省公路工程从业队伍职民工驻地安全管理规定（试行）》；

（15）其他有关安全法律、法规、技术标准、规范、规程。

1.2 式样规定

1.2.1 基本要求

安全管理用表由表头、表格正文两部分组成。

表格原则上不得更改，但当管理层级与表格的要求不符时［如监理单位设立二级监理机构（驻地办）］，可以对表格中的签批层级进行适当调整，但基本框架部分不得改变。

表格固定式样部分可以直接打印或印刷，但记录内容、签字和日期应手写。

1.2.2 幅面要求

表格式样的幅面应采用国际标准A4（210mm×297mm），根据具体表格有横表和竖表之分。其页边距要求如下：

（1）横表：上页边距为2.5cm，左、右、下页边距为2.0cm。

（2）竖表：左页边距为2.5cm，上、下、右页边距为2.0cm。

（3）表格行间距分两种：第一种为非指定高度，针对于电脑填写内容的表格。第二种为指定高度1cm，行高值为固定值，针对于手工填写的表格。

1.2.3 纸张要求

表格纸张应采用80g标准书写纸张，pH值为7.5～9.5，不透明度大于等于85%，纸张白度为85%～90%。

1.2.4 字体要求

安全管理用表表头“_____建设项目”为宋体四号字，表号为Times New Roman三号字，表格名称为黑体小二号字，表格内文字均为宋体五号字，表头位置“单位名称”为宋体小四号字，表底“填表人”及“签字栏”为宋体小四号字，表格注释部分为宋体五号字。

1.3 分类及填写要求

1.3.1 表格分类

公路工程安全管理标准化用表分为五大类。

第一类：通用表（A表），是施工、监理和建设单位在履行日常安全内部管理、外部监督工作时，记录痕迹化资料的通用表格。

第二类：施工单位专用表（B表），是施工单位在日常安全管理工作中针对建立的安全管理制度，完成痕迹化安全管理资料时所使用的专用表格。

第三类：监理单位专用表（C表），是监理单位履行外部监督工作及本单位内部安全管理工作时，针对建立的安全管理制度，完成痕迹化安全管理资料时所使用的专用表格。

第四类：建设、监管单位专用表（D表），是建设、监管单位对建设项目履行安全监督管理职责时所使用的专用表格。

第五类：其他表格（E表），是监督、监管单位对安全生产场所、工程部位进行专项检查时所使用的安全专项检查表。

1.3.2 表格编号说明

表格编号是表格在使用过程中对同一张表格，进行相互区分的编写号码。表格编号的组成及顺序为：YJJAQ/建设项目/流水号。其中YJJAQ为“云南交通建设安全”的缩写，“建设项目”为建设项目名称的字母缩写，流水号为表格的流水编号，流水编号必须填写年份。如:YJJAQ/WKGS/（2013/001）,代表云南交通建设安全、武昆高速、2013

年01号表。

1.3.3　填写要求

（1）表格填写及立卷归档应符合《公路建设项目文件材料立卷归档管理办法》、《云南省公路工程竣工文件编制及立卷归档实用范本》的要求，书写工整、图样清晰、图表整齐、字迹和线条清楚，填写内容用词准确、规范，语言简明扼要，表达完整，不允许涂改。应采用耐久性强的书写材料，如碳素笔或碳素墨水钢笔，不得使用易褪色的书写材料，如红色墨水、纯蓝墨水、圆珠笔、铅笔、复写纸等，不得使用带有复印签字的空表。

（2）每张表格要注明填写时间，所有签字须由签字人亲笔签字，不得由其他人代笔签认，不得用签名章代替签字。签字栏后未设置日期签署栏的，要求签署名字时同时签署签字日期。填写的数字应采用阿拉伯数字。

（3）部分表格表头，“单位名称”、“监理单位”和“建设单位”等位置，应填写表格使用单位的全称（施工单位和监理单位含项目合同段号），并与公章相互对应，可以用计算机打印或者手写。

（4）原则上不得删减用表，但根据表格使用单位安全管理、监督的实际情况，可增加安全管理用表。新增的安全管理用表，应附于专用表之后，表格编号从专用号末尾表号开始顺延。

（5）部分安全管理用表［如安全（ ）会议记录表（A6–1）、安全（ ）会议签到表（A6–2）等］为连续表，应进行连续的编号。

1.3.4　表格签署人名称的说明

（1）施工单位主要负责人，是指对本企业日常生产经营活动和安全生产工作全面负责、有生产经营决策权的人员，包括企业法定代表人、企业安全生产工作的负责人等。

（2）施工单位项目部，是指施工合同段的中标单位派驻现场的机构。施工单位应当取得安全生产许可证，施工单位的主要负责人、项目负责人、专职安全生产管理人员（以下简称安全生产三类人员）必须取得考核合格证书。

（3）施工项目负责人，是指由企业法定代表人授权，负责公路水运工程项目施工管理的负责人，包括项目经理、项目副经理和项目总工。设立安全总监岗位的，包括安全总监。

（4）施工单位项目部技术负责人，是指施工单位项目部的总工程师。

（5）专职安全生产管理人员，是指在企业专职从事安全生产管理工作的人员，包括企业安全生产管理机构的负责人及其他工作人员和施工现场专职安全员。

（6）监理机构，是指监理单位在本监理项目设置的各级监理组织，包括总监理工程师办公室、驻地监理工程师办公室等。

（7）总监理工程师，是指具有交通运输部核准的公路工程监理工程师资格，经项目建设单位同意，在监理机构总监办中负责项目工程全部监理工作的总负责人。

（8）安全监理工程师，是指具有交通运输部核准的公路工程监理工程师资格，经施工安全生产、环境保护监理专项培训考核通过，取得考试合格证明的监理工程师。

（9）业主或业主代表，是指项目建设指挥部（项目公司）的指挥长或总经理，也可以是经授权的现场指挥部分指挥长或副总经理。

（10）建设单位安全管理机构负责人，是指建设指挥部（项目公司）的安全监督管理机构的负责人。

1.3.5 使用要求

施工单位（项目部）、监理单位和建设单位安全管理、监督用表的使用是按照“通用表+专用表”相结合的方式进行的。

参建单位在使用表格时应对照“标准用表制度建设、文档管理、传递流程汇总表”相应安全管理制度，建立相应管理文档，选择适用的表格，并在表格的使用过程中规范填写及存档，及时对相关资料及其附件进行传递。

标准用表制度建设、文档管理、传递流程汇总表

序号	文档盒名称	表格编号	文档内文件内容	施工单位	监理单位		建设单位		备注
				管理	内部管理	外部监督	内部管理	外部监督	
1	文件管理和档案管理制度	A1	收文登记表	○	○		○		
		A2	发文登记表	○	○		○		
		A3	行业适用法律法规、标准规范一览表	○	○		○		
2	安全生产责任制度	A4	安全生产责任制汇总表	○	○		○		
		A5	安全生产责任书汇总表	○	○		○		
3	安全例会制度	A6-1	安全（　）会议记录表	○	○		○		
		A6-2	安全（　）会议签到表	○	○		○		
4	安全生产费用提取和使用管理制度	B1	安全生产费用使用审批表	○		●		●	
		B2	安全生产费用计划申报表	○		●		●	
		B3	安全生产费用支出明细表	○		●		●	
		B4	安全生产费用使用验收记录表	○	○	●	○	●	
		A7	施工单位安全生产费用审批汇总表	○	○		○		
5	安全设施、设备、物资安全管理制度	B5	采购（租赁）安全设备、设施、物资验收表	○					
		B6	机械设备管理登记表	○					
		B7	特种设备检验、验收资料登记表	○		△		△	
		B8	机械设备检查、维修、保养记录表	○					
		B9	安全标志标牌购置记录汇总表	○					
		B10	安全标志标牌设置记录表	○					
		B11	电工巡视（维修）工作记录表	○					

续上表

序号	文档盒名称	表格编号	文档内文件内容	施工单位	监理单位		建设单位		备注
				管理	内部管理	外部监督	内部管理	外部监督	
6	安全生产培训和教育学习制度	A8	安全教育培训汇总表	○	○		○		
		A9	安全教育培训计划表	○	○		○		
		A10–1	安全教育培训记录表	○	○		○		
		A10–2	安全教育培训签到表	○	○		○		
		B12	三级安全教育登记卡	○					
		B13	安全教育登记卡（农民工用）	○					
7	安全生产检查制度	A15	（　）安全检查记录表	○				○	
		A16–1	安全隐患整改通知单	○				○	
		A16–2	安全隐患整改回复单	○				○	
		A17	安全隐患登记表	○		○		○	
		C2	安全监理日志			○			
		C3–1	安全监理指令			○			
		C3–2	安全监理指令回复单			○			
		C4	工程暂停令			○			
8	事故统计报告制度	A11	交通运输行业建设工程生产安全事故快报表	○	○		○		
		A12–1	交通运输行业建设工程生产安全事故统计月报表	○	○		○		
		A12–2	交通运输行业建设工程生产安全事故统计年报表	○	○		○		
9	安全生产奖惩制度	A18	安全生产奖惩记录汇总表	○	○			○	
		A19	安全生产奖励通知单	○	○			○	
		A20	安全生产违约处理通知单	○	○			○	

续上表

序号	文档盒名称	表格编号	文档内文件内容	施工单位	监理单位		建设单位		备注
				管理	内部管理	外部监督	内部管理	外部监督	
10	消防安全责任管理制度	A21	消防设施、设备使用登记表	○	○		○		
		A22	消防设施、设备及防火部位巡查记录表	○	○		○		
11	职民工驻地管理办法	B15	职民工驻地审批汇总表	○		●		■	职民工驻地选址方案随汇总表上报
		E1	职民工驻地安全检查表	○	○	○		○	
12	安全技术交底制度	A13	安全技术交底情况汇总表	○	○				
		A14-1	安全技术交底记录表	○	○				
		A14-2	安全技术交底签到表	○	○				
13	交接班制度	B16	交接班记录表	○					
		B17	隧道人员进出登记表	○					
14	安全操作规程管理办法	A23	安全操作规程汇总表	○	○				
15	专项施工方案审查论证制度	A24	安全专项施工方案审查论证登记汇总表	○		○		○	
		B14	专项施工方案审查表	○		■		△	
		A25	施工脚手架与支架模板支撑系统挂牌公示汇总表	○	○				
		E2	施工脚手架与支架模板支撑系统安全质量自检表	○					
16	桥梁和隧道风险评估制度	A26	桥梁和隧道工程施工安全风险评估汇总表	○		○		○	
		A27	劳动防护用品采购记录表	○	○		○		
		A28	劳动防护用品发放记录表	○	○		○		
17	应急管理制度	A29	应急救援预案汇总表	○					应急物资清单包含于应急预案当中
		A30	应急行动记录表	○	○		○		
		A31	应急物资清单	○	○	●	○	△	

续上表

序号	文档盒名称	表格编号	文档内文件内容	施工单位	监理单位		建设单位		备注
				管理	内部管理	外部监督	内部管理	外部监督	
18	资质及相关人员管理办法	A32	安全管理人员履职能力考核表	○	○	●	○	●	
		B18	施工单位资质证书登记表	○		△		△	
		B19	特种（设备）作业人员登记表	○		△		△	
		B20	“三类人员”持证情况登记表	○		△		△	
		B21	从业人员登记表	○					
		C1	安全监理人员登记表		○			△	
19	危险源管理办法	B23	危险源辨识、评价、控制一览表	○		△		△	
		B24	重大风险源及控制措施清单	○		△		△	
		B25	重大危险源控制清单	○		△		△	
		B26	危险品管理登记表	○					
20	安全保通方案	B22	安全保通方案汇总表	○					相关部门联合制订
21	项目负责人施工现场带班生产制度	B27	项目负责人施工现场___月带班计划表	○		●		△	
		B28	项目负责人施工现场带班生产情况记录表	○					
22	其他	A33	安全影像资料记录表	○	○		○		
		D1	云南省公路建设开工安全条件达标通知书	○	○		○		
		D2	工程项目开工前安全生产条件核查表	○	○		○		
		D8	意外伤害保险登记汇总表				○		

注：1. 表格中○代表编写申报；●代表审查；■代表审批；△代表登记备案。

2. 申报、审查、审批、登记备案的各个单位均需要对存档资料及其附件进行归档备存。

2 标准用表内容及填写要求

2.1 安全管理用表通用表

2.1.1 收文登记表（A1）

该表是对来文进行收文登记时使用的表格。

2.1.2 发文登记表（A2）

该表是发文登记时使用的表格。

2.1.3 行业适用法律法规、标准规范一览表（A3）

该表在对识别、获取适用的现行法律法规、标准规范进行汇总登记时使用，若法律法规内容有更新、调整的，须在备注栏中注明。

2.1.4 安全生产责任制汇总表（A4）

该表反映了填表单位各部门、各岗位的安全生产责任制的制订情况、上墙公示情况。要求表后附有各个部门和岗位的安全生产责任制文件。

2.1.5 安全生产责任书汇总表（A5）

该表用于反映填表单位与各部门或各岗位人员签订安全生产责任书和有效时限的情况。要求该表后附有已签订的有效的安全生产责任书文件。

2.1.6 安全（ ）会议记录表（A6–1）

该表用于记录安全会议内容，与安全（ ）会议签到表（A6–2）为连续表。表头名称（ ）中可填写例会或其他安全会议名称（如现场、专题、临时等）。

2.1.7 安全（ ）会议签到表（A6–2）

该表用于安全会议参会人员签到，与安全（ ）会议记录表（A6–1）为连续表。表头名称（ ）必须与安全（ ）会议记录表（A6–1）填写内容相一致。参会人员签名必须由本人亲手填写，电脑打印或者盖本人印章替代的无效。

2.1.8 施工单位安全生产费用审批汇总表（A7）

该表是汇总施工单位安全生产费用审批情况时所使用的登记表格。建设、监理和施工单位均应使用该表。

2.1.9 安全教育培训汇总表（A8）

该表用于登记已开展的安全教育培训工作情况。

2.1.10 安全教育培训计划表（A9）

该表是在开展安全教育培训工作之前，对将要开展的安全教育培训作出部署、编写计划时使用的表格。每半年拟定一次培训计划，并根据计划内容开展安全教育培训工作。

2.1.11 安全教育培训记录表（A10–1）

该表是用于对开展的安全教育培训活动情况进行记录的表格；该表与安全教育培训签到表（A10–2）为连续表。应附影像资料。

2.1.12 安全教育培训签到表（A10–2）

该表是开展安全教育培训时，参会人员签到填写用表。与安全教育培训记录表（A10–1）为连续表，在填写时，“安全教育培训主题”必须与A10–1表填写内容相一致。

2.1.13 交通运输行业建设工程生产安全事故快报表（A11）、交通运输行业建设工程生产安全事故统计月报表（A12–1）、交通运输行业建设工程生产安全事故统计年报表（A12–2）

A11表、A12–1表、A12–2表是针对交通运输部公路工程制订的快报、月报、年报表。三张表格应按照《交通运输行业建设工程安全事故统计报表制度》的要求进行填写。

2.1.14 安全技术交底情况汇总表（A13）

该表是对已开展的安全技术交底情况进行汇总的登记用表。

2.1.15 安全技术交底记录表（A14–1）

该表是使用单位进行安全技术交底时的记录表格。接受安全技术交底的单位名称应填写从业单位（包括施工队）全称。

2.1.16 安全技术交底签到表（A14–2）

该表与安全技术交底记录表（A14–1）为连续表。接受安全技术交底的单位名称必须与A14–1表中填写内容一致；所有参加安全技术交底会议人员均要求在表格中签到。

2.1.17 （　）安全检查记录表（A15）

该表是填表单位开展日常、定期、专项、季节性等安全检查时所使用的记录表格。其中日常检查应由专职安全管理人员负责；定期检查应由项目主要负责人负责；专项检查由技术负责人负责；季节性检查可由项目负责人或安全管理机构负责人负责。

2.1.18 安全隐患整改通知单（A16–1）

该表是用于安全检查中，对发现的安全隐患，要求被检查单位落实整改的指令性表格。本表要求由领导（或其他被授权的人员）签字盖章后生效。该表与安全隐患整改回复单（A16–2）为连续表。

2.1.19 安全隐患整改回复单（A16–2）

该表由被要求整改的责任单位填写，填写完成后，报送至发出安全隐患整改通知单的单位进行验收（由监管、监督单位发出的通知单，应先报送至监理、建设单位进行验收）。在上级机构或者监理、建设单位的安全部门人员对安全隐患整改进行验收合格并签字、盖章后，在安全隐患登记表（A17）中注明注销，隐患整改程序闭合。要求同一整改内容的A16–1表与A16–2表的编号填写必须一致。

2.1.20　安全隐患登记表（A17）

该表是用于安全隐患整改通知单（A16–1）后，对要求整改的安全隐患进行登记记录的表格，其目的在于根据安全隐患登记内容，提示、提醒相应的安全管理人员及时对安全隐患进行消除、整改，及时对下发的安全整改通知单进行闭合处理。

2.1.21　安全生产奖惩记录汇总表（A18）

该表是安全生产过程中施工单位、监理单位、建设单位对从业单位或者从业单位相关部门（施工队）或人员实施奖励和处罚时的汇总用表。

2.1.22　安全生产奖励通知单（A19）

该表是在安全生产过程中，针对从事安全生产工作，作出突出贡献的单位、部门或者个人，实施奖励的通知用表。奖励通知单一式三联，由主要负责人签字盖章后生效，由被奖励单位或者个人签字后进行奖金兑现。

2.1.23　安全生产违约处理通知单（A20）

该表是在安全生产过程中，对存在工作失职，违反安全生产规定的“三违”人员、部门和单位实施处理的通知用表。违约处理通知单一式三联，由主要负责人签字盖章，下发后生效。

2.1.24　消防设施、设备使用登记表（A21）

该表是对生活、生产范围内的所有消防设施、设备实施统一管理时使用的登记表。表格中要求对每个生活和作业场所、场地指定专门的消防设施、设备的管理责任人，对该辖区范围内的消防设施、设备进行统一管理，确保消防设施、设备的完好和有效。

2.1.25　消防设施、设备及防火部位巡查记录表（A22）

该表是对各个生活和作业场所、场地的消防设施、设备定期进行巡查的记录用表。原则上应每月进行一次消防设施、设备巡查检查及维护工作。同时对防火部位进行巡查。

2.1.26　安全操作规程汇总表（A23）

该表是填表单位对其所制定的各岗位的安全生产操作规程进行汇总归档的清单列表。表格中对安全生产操作规程进行了分类，填写时应根据分类要求进行填写，表格行列不够的，可增加。表后应附安全生产操作规程。

2.1.27　专项施工方案审查论证登记汇总表（A24）

该表是施工单位（项目部）根据《云南省公路建设项目危险性较大的分部分项工程专项方案安全管理办法（试行）》等相关法规，对已编制的，要求进行监理审查、专家论证、业主备案的专项施工方案进行登记汇总的表格。监理单位、建设单位应根据审查、备案情况填写该表。

2.1.28 施工脚手架与支架模板支撑系统挂牌公示汇总表（A25）

施工、监理单位应严格遵守施工脚手架与支架模板支撑系统验收挂牌的相关要求，施工、监理单位应填写本表。

2.1.29 桥梁和隧道工程施工安全风险评估汇总表（A26）

施工单位（项目部）应根据《公路桥梁和隧道工程施工安全风险评估制度及指南解析》对桥隧风险进行评估，并根据评估结果，如实在表格中填写相应内容。表后应附评估报告、审查审批表；需要专家论证的，应附专家论证意见，并在备注栏中注明。监理单位、建设单位应根据审查、备案情况填写该表。

2.1.30 劳动防护用品采购记录表（A27）

该表是填表单位对采购进场的劳动防护用品实施登记时使用的表格。在记录时，应检查进场劳动防护用品的三证，并将证书附于表后。

2.1.31 劳动防护用品发放记录表（A28）

该表是劳动防护用品采购进场后，填表单位将劳动防护用品发放至各个部门、岗位、从业单位（施工队）时所使用的发放记录表格，要求领用人亲自签字，个人劳动防护用品不得代签。

2.1.32 应急救援预案汇总表（A29）

该表是填表单位对已经制订的综合、专项应急救援预案和现场处置方案进行汇总的登记用表。表后应附相应的综合、专项应急救援预案和现场处置方案。

2.1.33 应急行动记录表（A30）

该表是填表单位对其组织的应急演练、事故发生后的应急行动等情况进行记录时所用的表格。

2.1.34 应急物资清单（A31）

该表在编制安全生产应急救援预案时使用。应根据应急物资类别，分类进行填写，如有变化应及时更新。

2.1.35 安全管理人员履职能力考核表（A32）

该表是建设、监理和施工单位对从事安全监督、管理工作的相关人员的履职能力的考核用表。施工单位使用该表时，上级监管单位考核栏应增加，施工单位的安全管理人员的履职考核意见应由监理和建设单位分别填写。

2.1.36 安全影像资料记录表（A33）

本表用于填写安全影像资料。如安全例会制度［安全（　）会议记录表（A 6 –1）］、安全生产培训和教育学习制度［安全教育培训记录表（A 10–1）］、安全生产检查制度［安全隐患整改通知单（A 16–1）、安全隐患整改回复单（A16–2）］等，或者其他需要附安全影像资料记录的表格。

2.2 施工单位安全管理专用表

2.2.1 安全生产费用使用审批表（B1）

该表是每期安全生产费用上报审批时，由施工单位填写，报监理、建设单位签批的传递表。各建设项目应根据自身实际情况和招投标的要求，对该表中涉及的审批流程及审核审批人员进行自行确定，原则上审批人员应包括安全监理工程师、总监理工程师、建设单位安全监督机构负责人和指挥长。

2.2.2 安全生产费用计划申报表（B2）

该表是在使用安全生产费用之前，拟定安全生产费用使用计划时，所使用的计划填报表格，安全生产费用计划需要经安全监理工程师审批。

2.2.3 安全生产费用支出明细表（B3）

该表是对安全生产费用开支明细进行登记的表格。

2.2.4 安全生产费用使用验收记录表（B4）

该表是安全生产费用使用后的记录用表，可作为安全经费的使用证明，使用验收记录需要经安全监理工程师审核。

2.2.5 采购（租赁）安全设备、设施、物资验收表（B5）

该表是在采购或租赁的安全设备、设施和物资进场，进行验收时使用的表格。同批次，单类设备、物资可填写一张表格，有相应验收标准、要求的，按相关验收表格验收。该表由项目部设备管理部门填写，一机（一物）一档，表格后应附设施、设备和物资的满足安全生产需要的出厂资料、验收材料等相关资料。“验收、出厂资料及附件”栏填写不够时可以增加栏数。

2.2.6 机械设备管理登记表（B6）

该表在机械设备进场后登记时使用。本表应由施工单位（项目部）设备管理部门相关人员填写，表格后应附相应机械设备的设计文件、产品质量合格证和安装使用维修说明材料等资料的复印件。

2.2.7 特种设备检验、验收资料登记表（B7）

该表仅在特种设备进场后检验、验收及登记资料时使用。表格后应附特种设备设计文件、产品质量合格证明、安装及使用维修说明材料的复印件。由施工单位自主制造及拼装使用的设备，应附安全验算说明书及相关审批文件。

2.2.8 机械设备检查、维修、保养记录表（B8）

该表在机械设备、特种设备检查维修、保养时记录使用。该表应由施工单位（项目部）设备管理部门相关人员填写。特种设备使用单位对在用特种设备应当至少每月进行一次检查，并做好记录。该表为一机一档，专表专用，不得将不同设备的维保内容在同一表中交叉填写。

2.2.9 安全标志标牌购置记录汇总表（B9）

该表是对已经购置的安全标志标牌进行汇总登记时使用的表格。

2.2.10 安全标志标牌设置记录表（B10）

该表是施工单位（项目部）将安全标志标牌设置至现场后进行记录时使用的表格。每一批同一类型的标志标牌可归类进行填写，并附图像资料，图像资料要求附带拍摄日期，以证明影像的时效性及真实性。

2.2.11 电工巡查（维修）工作记录表（B11）

该表是施工单位（项目部）专职电工日常巡查现场用电设施、设备运行情况的记录表。应由责任范围内的专职电工本人亲自填写。原则上每天必须对工作情况进行记录。

2.2.12 三级安全教育登记卡（B12）

该表是施工企业对新职工进行三级（公司级、项目部级和班组级）安全教育的登记用表。本表的安全培训教育对象是施工企业公司管理层人员及单位职工。

2.2.13 安全教育登记卡（农民工用）（B13）

该表是施工单位（项目部），对项目部新进场的临聘人员、农民工组织安全教育培训时（如项目部级、施工队级和班组级）的登记用表。

2.2.14 专项施工方案审查表（B14）

按照《云南省公路建设项目危险性较大的分部分项工程专项方案安全管理办法（试行）》相关要求，对于不需要进行专家论证的专项施工方案，本表由施工单位填写，经施工单位技术负责人签字盖章后，报监理单位专业监理工程师、安全监理工程师和总监理工程师审批，审批通过后专项方案方可实施。

对于需要进行专家论证的专项施工方案，本表由施工单位填写，经项目部技术负责人签字盖章后，报施工单位母体公司，由母体公司技术负责人审核审批，通过并签字盖章后，报监理单位或者建设单位，组织专家论证会，经专家论证评审，根据专家组评审意见对专项方案进行修改，修改后的专项施工方案报监理单位专业监理工程师、安全监理工程师和总监理工程师审批，审批通过后专项方案方可实施。

2.2.15 职民工驻地审批汇总表（B15）

该表是施工单位（项目部）对施工范围内的新建、租用或者其他形式建盖的职民工驻地进行统一汇总的登记用表。表后需附经监理单位、建设单位审批通过的职民工驻地选址建盖方案和相应的审批表。

2.2.16 交接班记录表（B16）

该表是施工单位（项目部）所属的从业单位（施工队），各个班组之间（特别是隧道施工班组）交接班时所使用的交接记录用表。由交班班组长对前一班当班情况进行填写签字后，交予接班班组长签字。

2.2.17 隧道人员进出登记表（B17）

该表是隧道施工相关人员进出隧道时需填写的登记表。要求填写进出隧道的时间精确到“分钟”。

2.2.18 施工单位资质证书登记表（B18）

该表是用于登记施工单位（项目部）和所属从业单位（施工队）的企业营业执照、安全生产许可证和建筑施工资质等证书的表格。

2.2.19 特种（设备）作业人员登记表（B19）

该表是对施工单位（项目部）管理范围内的所有特种作业人员、特种设备作业人员的基本信息进行登记备案时使用的表格。表后应附特种作业人员、特种设备作业人员操作证复印件。

2.2.20 “三类人员”持证情况登记表（B20）

该表是施工单位对项目部所有“三类人员”进行登记备案时使用的表格。表后应附“三类人员”身份证、职称证、安全考核合格证等有效证件的复印件。

2.2.21 从业人员登记表（B21）

该表是用于登记施工单位（项目部）全体人员和从业单位（施工队）一线作业人员信息的表格。

2.2.22 安全保通方案汇总表（B22）

施工单位（项目部）根据施工情况，对各路段或各部位制订的安全保通方案进行登记汇总，并填写该表。表后应附安全保通方案。

2.2.23 危险源识别、评价、控制一览表（B23）

该表是施工单位（项目部）对施工管辖范围内，各个施工作业点（单元）的危险、危害因素辨识、分析、评价、制订相应控制措施时使用的记录表。要求将该表应用到整个施工的安全生产管理全过程中。

2.2.24 重大风险源及控制措施清单（B24）

施工单位（项目部）应根据危险源识别、评价、控制一览表（B23）所识别的结果，对危险、危害因素进行判断，对属于重大风险源的应统计于此表，并制订相应的控制措施，对风险等级高且出现频率多的危险源应编制专项应急预案和现场处置方案。

2.2.25 重大危险源控制清单（B25）

施工单位应根据《危险化学品重大危险源辨识》（GB 18218—2009），判定管辖范围内的重大危险源，并制订控制措施，填写本表。

2.2.26 危险品管理登记表（B26）

该表是除民用爆炸物品外，用于其他危险物品的登记表。

2.2.27 项目负责人施工现场___月带班计划表（B27）

该表用于项目部拟定项目负责人带班的计划。

2.2.28 项目负责人施工现场带班生产情况记录表（B28）

该表由带班项目负责人填写，每月月末进行收集归档。

2.2.29 施工单位安全资料审批表（B29）

该表主要针对业主单位要求的其他需要上报的安全资料，是上报审批时所使用的通用表格。在报送安全管理体系文件时，“施工单位意见”栏应由母体公司分管领导（或技术负责人）组织审核签批 。

2.2.30 施工单位安全资料告知备案表（B30）

该表是施工单位在安全管理过程中，对需要报备的安全管理资料进行上报备案登记时使用的表格。本表格由施工单位填写，表格应附相关安全管理资料，报监理单位及建设单位进行告知备案。

2.3 监理单位安全监管专用表

2.3.1 适应性

监理单位安全监管专用表，适用于各级监理机构。

对于设置二级监理机构，即一级监理机构［总监理工程师办公室（简称总监办）］和二级监理机构［驻地监理工程师办公室（简称驻地办）］的工程项目，使用安全监管专用表时，需对下列位置进行调整：表格中“监理单位”应调整为“二级监理机构名称”，“总监理工程师”应调整为“驻地监理工程师”，“安全监理工程师”应调整为“安全监理员”。在使用审批表过程中，应增加“二级监理机构（驻地办）意见”审批栏。

2.3.2 内容及填写要求

1）安全监理人员登记表（C1）

该表是监理单位对安全监理人员持证情况进行登记时使用的表格。表后应附相应人员的身份证、职称证、安全监理证（培训证）复印件。

2）安全监理日志（C2）

该表是监理单位根据安全检查制度，开展日常安全监理时所使用的记录表格。每日必需根据安全工作情况填写本表。

3）安全监理指令（C3–1）

该表是监理单位在安全监理检查中，对发现的安全隐患，要求责任单位落实安全隐患整改的指令性表格。该表由总监理工程师（或其他被授权的人员）签字盖章后下发生效。该表与安全监理指令回复单（C3–2）为连续表。

4）安全监理指令回复单（C3–2）

该表由施工单位，即责任整改单位填写安全隐患整改情况，填写完成后，由施工单位报监理单位对整改结果验收（下设二级监理机构的，先报驻地办进行验收，再报总监办进行验收）。整改结果由责任范围内的监理责任人进行验收，验收合格后，签字盖章，隐患销案，安全隐患整改程序闭合。要求C3-1表和C3-2表的安全监理指令编号必须一致。

5）工程暂停令（C4）

对于存在重大安全隐患的，应下发工程暂停令要求整改。该表由总监理工程师签字盖章后下发生效。对暂时停工整改的，完成整改要求验收后，由整改责任单位填写申请复工报告，报监理单位验收，验收通过后，方能复工。（监理单位下设二级机构的，复工报告先报驻地办，经驻地监理工程师验收确认后，报总监办签批）。

6）安全资料告知备案表（C5）

凡涉及监理单位安全资料，报有关单位备案告知的，需填写本表，进行资料传递。

2.4 建设单位和监督机构安全监管专用表

2.4.1 云南省公路建设开工安全条件达标通知书（D1）、工程项目开工前安全生产条件核查表（D2）

D1表、D2表是《云南省公路工程安全生产暨“平安工地”检查评价办法》所要求填写的附表。施工单位应按D2表中所需材料的内容、格式及要求，向监理单位上报开工安全生产条件审查资料，经监理单位审查合格后报项目业主审批。

监理单位按照D2表中所需材料的内容如实编写开工安全生产条件审查资料，报项目业主审批。

项目业主对开工安全生产条件审核批准后，应将达标通知书（D1）、核查表（D2）及相关附件、核查清单汇编成册，报项目主管单位备案。项目主管单位对项目业主报备的开工安全生产条件资料无异议后，转报安全监督机构备案。

2.4.2 安全抽查意见通知书（D3）

该表是监管单位在日常安全督查过程中，为纠正和处理施工过程中发现的一般安全隐患，督查责令相关单位限期整改，发出的通知表格。

2.4.3 停工通知书（D4）

监管单位在安全督查过程中，对存在重大安全隐患或者是下发安全抽查意见通知书（D3）后，安全隐患在整改期限范围内仍然得不到解决的，由监管单位责令相关单位立即进行整改，并依法进行调查取证。经调查取证，认定暂停施工的，由监管单位依法对具体作业点（面）或者同类性质的问题发出停工通知书（D4）。

2.4.4 安全隐患整改情况报告（D5-1）、安全隐患督查整改反馈表（D5-2）

建设单位对监管单位提出的安全隐患，组织参建单位逐条整改，整改完成后，经监理单位、施工单位核实认可，由建设单位负责汇总、填写、报送安全隐患整改情况报告、安全隐患督查整改反馈表。

2.4.5 复工通知书（D6）

被监管机构责令停工的项目，安全隐患整改情况由监管单位核查后，符合验收的，由监管单位签发复工通知书。

2.4.6 重大安全隐患挂牌督办表（D7）

为落实交通运输部《公路水运工程生产安全重大事故隐患挂牌督办制度（暂行）》的通知，制订并填写该表。

2.4.7 意外伤害保险登记汇总表（D8）

该表用于汇总登记各个施工单位购买的意外伤害保险情况，其中承险单位一列填写承担保险的保险公司名称。

2.5 其他用表

2.5.1 职民工驻地安全检查表（E1）

该表是对新建、租用或者其他形式建盖的职民工驻地进行检查时所用的表格。检查后需被检查单位负责人签字盖章确认，各单位应结合管理情况，每月组织一次驻地安全检查。

2.5.2 施工脚手架与支架模板系统安全质量自检表（E2）

该表是施工单位对施工脚手架与支架模板支撑系统进行安全质量验收的自查表。监理人员应检查施工单位自检情况。

2.5.3 施工现场临时用电安全检查表（E3）

该表是监管单位对施工临时用电作业现场进行安全检查时所使用的表格。

2.5.4 隧道施工安全检查表（E4）

该表是监管单位对隧道施工作业进行安全检查时所使用的表格。

2.5.5 人工挖孔桩安全检查表（E5）

该表是监管单位对人工挖孔桩施工作业进行安全检查时所使用的表格。

2.5.6 桥梁梁板预制及吊装安全检查表（E6）

该表是监管单位对梁板预制及吊装作业进行安全检查时所使用的表格。

2.5.7 安全防护检查表（E7）

该表是监管单位对施工现场安全防护情况进行安全检查时所使用的表格。

3 标准用表表样

3.1 通用表（A表）

A1

________________建设项目

收文登记表

单位名称：

序号	日　期	文件名称	来文单位	文号/编号	份　数	附件份数	签收人	备　注

A2

________________建设项目

发文登记表

单位名称：

序号	文　号	文件名称	份　数	发往单位/个人	收文人	日　期	备　注

________________建设项目　　　　A3

行业适用法律法规、标准规范一览表

单位名称：　　　　　　　　　　　　填表日期：

序号	文件编号	文件名称	颁发部门	实施日期	查询位置或路径

填表人：

A4

____________________建设项目

安全生产责任制汇总表

单位名称：　　　　　　　　　　　　　　　　　　　　填表日期：

序号	部门/班组（安全职责）	是否制定、上墙	部门/岗位/工种（安全职责）	是否制定、上墙	备　注
1	主要负责人	制定□ 上墙□	项目经理	制定□ 上墙□	
			副经理（分管生产）	制定□ 上墙□	
			副经理（分管生产）	制定□ 上墙□	
			总工	制定□ 上墙□	
			…	制定□ 上墙□	
2	安全部	制定□ 上墙□	安全部	制定□ 上墙□	
			安全部部长	制定□ 上墙□	
			安全员	制定□ 上墙□	
				制定□ 上墙□	
				制定□ 上墙□	
…	（部门）	制定□ 上墙□		制定□ 上墙□	
				制定□ 上墙□	
				制定□ 上墙□	
				制定□ 上墙□	
				制定□ 上墙□	
…	…	制定□ 上墙□		制定□ 上墙□	
				制定□ 上墙□	
				制定□ 上墙□	
				制定□ 上墙□	
				制定□ 上墙□	
…	…	制定□ 上墙□		制定□ 上墙□	
				制定□ 上墙□	
				制定□ 上墙□	
				制定□ 上墙□	
				制定□ 上墙□	
…	（班组）	制定□ 上墙□	班组长	制定□ 上墙□	
			工种1	制定□ 上墙□	
			工种2	制定□ 上墙□	
			…	制定□ 上墙□	
			…	制定□ 上墙□	
				制定□ 上墙□	

审核：　　　　　　　　　　填表人：

注：根据各个单位机构设置情况进行填写。

__________建设项目 A5

安全生产责任书汇总表

单位名称： 填表日期：

序号	部　门	岗　　位	姓　　名	责任书签订情况	责任书有效期限	备　　注
	主要负责人			是□ 否□		
				是□ 否□		
				是□ 否□		
				是□ 否□		
				是□ 否□		
	（各部门）	（负责人）		是□ 否□		
		（管理人员）		是□ 否□		
				是□ 否□		
				是□ 否□		
				是□ 否□		
	…			是□ 否□		
				是□ 否□		
				是□ 否□		
				是□ 否□		
	（班组）	班组长		是□ 否□		
		工种1		是□ 否□		
		工种2		是□ 否□		
		…		是□ 否□		
				是□ 否□		

审核： 填表人：

__________________建设项目　　　　　　A6–1

安全（　　）会议记录表

单位名称：

<table>
<tr><td colspan="4">会议名称：</td></tr>
<tr><td>会议时间</td><td></td><td>会议地点</td><td></td></tr>
<tr><td>主持人</td><td>（签字）</td><td>记录人</td><td>（签字）</td></tr>
<tr><td colspan="4">会议议题：</td></tr>
<tr><td colspan="4">会议内容：

（内容不够可增加）</td></tr>
<tr><td colspan="4">会议决定事项/工作部署：</td></tr>
</table>

注：表头名称（　）中可填写例会或其他（如：现场、专题、临时等）安全会议名称。

建设项目　　A6-2

安全（　　）会议签到表

会议名称：　　　　　　　　　　　　　　　　时间：

序号	姓　　名	单位/部门	职务/工种	序号	姓　　名	单位/部门	职务/工种

________________建设项目 A7

施工单位安全生产费用审批汇总表

监理单位：

施工单位： 项目合同金额：

序号	期　　数	审批金额	占总额的支付比例	审批日期	备　　注
合　　计					

注：建设、监理和施工单位均应如实填写本表。

A8

________________建设项目

安全教育培训汇总表

单位名称：

序号	日　　期	安全教育培训地点	安全教育培训主题	主讲人	参培部门及人员概况	审　　核	备　　注

______________建设项目　　　　A9

安全教育培训计划表

单位名称：

计划培训日期	受培训部门	计划参加人员	培训主题	备　注

____________________建设项目　　　　　　　　A10-1

安全教育培训记录表

单位名称：

培训地点		培训日期	
主讲人		培训对象	
培训主题			
培训内容： （不够可转页）			

填表人：

注：附安全教育培训影像资料。

______________建设项目 A10-2

安全教育培训签到表

安全教育培训主题： 日期：

序号	姓　　名	单位/部门	职务/岗位	序号	姓　　名	单位/部门	职务/岗位

交通运输行业建设工程生产安全事故快报表

A11

单位名称：

<table>
<tr><td colspan="8">一、事故基本情况</td></tr>
<tr><td>事故发生日期与时间</td><td colspan="2">年 月 日 时 分</td><td colspan="2">天气气候</td><td colspan="3">□□</td></tr>
<tr><td>工程分类及等级、建设类型</td><td colspan="2">□□
□□
□□</td><td colspan="2">工程名称及所在地</td><td colspan="3"></td></tr>
<tr><td>事故发生部位及作业环节</td><td colspan="2">□□
□□</td><td colspan="2">事故类别</td><td colspan="3">□□</td></tr>
<tr><td>工程概况</td><td colspan="7"></td></tr>
<tr><td>事故简要经过和抢险救援情况</td><td colspan="7"></td></tr>
<tr><td>事故原因初步分析</td><td colspan="7"></td></tr>
<tr><td>预估直接经济损失（万元）</td><td colspan="7"></td></tr>
<tr><td colspan="8">二、从业单位基本信息</td></tr>
<tr><td>建设单位</td><td colspan="3"></td><td colspan="2">设计单位</td><td colspan="2"></td></tr>
<tr><td>施工单位</td><td colspan="3"></td><td colspan="2">监理单位</td><td colspan="2"></td></tr>
<tr><td colspan="8">三、事故人员伤亡情况</td></tr>
<tr><td>伤亡情况</td><td>计量单位</td><td>合计</td><td>管理人员</td><td>技术人员</td><td>企业聘用工人</td><td>非本企业劳务人员</td><td>其他人员</td></tr>
<tr><td>甲</td><td>乙</td><td>1</td><td>2</td><td>3</td><td>4</td><td>5</td><td>6</td></tr>
<tr><td>死亡人数</td><td>人</td><td></td><td></td><td></td><td></td><td></td><td></td></tr>
<tr><td>其中：现场死亡人数</td><td>人</td><td></td><td></td><td></td><td></td><td></td><td></td></tr>
<tr><td>失踪人数</td><td>人</td><td></td><td></td><td></td><td></td><td></td><td></td></tr>
<tr><td>受伤人数</td><td>人</td><td></td><td></td><td></td><td></td><td></td><td></td></tr>
<tr><td>其中：重伤人数</td><td>人</td><td></td><td></td><td></td><td></td><td></td><td></td></tr>
</table>

单位负责人： 填表人： 联系电话： 填报时间：201 年 月 日 时 分

A12-1

交通运输行业建设工程生产安全事故统计月报表

单位名称：

事故发生时间	工程名称	工程分类及等级、建设类型	事故发生部位及作业环节	事故类别	事故简要经过	初步事故原因	事故直接经济损失（万元）	死亡人数（人）	死亡人员类型	失踪人数（人）	失踪人员类型	受伤人数（人）	受伤人员类型	事故单位名称	事故性质
01	02	03	04	05	06	07	08	09	10	11	12	13	14	15	16
		□□ □□ □□	□□ □□	□□		□□			□□		□□		□□		
		□□ □□ □□	□□ □□	□□		□□			□□		□□		□□		
		□□ □□ □□	□□ □□	□□		□□			□□		□□		□□		

单位负责人：　　　　填表人：　　　　联系电话：　　　　报出日期：201　年　月　日

A12-2

交通运输行业建设工程生产安全事故统计年报表

单位名称：

事故发生时间	工程名称	工程分类及等级、建设类型	事故发生部位及作业环节	事故类别	事故简要经过	初步事故原因	事故直接经济损失（万元）	死亡人数（人）	死亡人员类型	失踪人数（人）	失踪人员类型	受伤人数（人）	受伤人员类型	事故单位名称	事故性质
01	02	03	04	05	06	07	08	09	10	11	12	13	14	15	16
		□□ □□ □□	□□ □□	□□		□□			□□		□□		□□		
		□□ □□ □□	□□ □□	□□		□□			□□		□□		□□		
		□□ □□ □□	□□ □□	□□		□□			□□		□□		□□		

单位负责人：　　　　填表人：　　　　联系电话：　　　　报出日期：201　年　月　日

________________建设项目　　　　A13

安全技术交底情况汇总表

单位名称：

序号	交底内容	交底日期	交底人	被交底单位、岗位、人数	备　注

____________________建设项目　　　　　　A14-1

安全技术交底记录表

交底单位名称：　　　　　　　　　　　　　　接受交底单位名称：

<table>
<tr><td>交底内容</td><td></td><td>交底日期</td><td colspan="3"></td></tr>
<tr><td>交底人</td><td></td><td>被交底人数</td><td colspan="3"></td></tr>
<tr><td colspan="6">交底部位：____________
安全交底具体内容：</td></tr>
<tr><td colspan="6">接受交底单位负责人</td></tr>
<tr><td>不够可填写签到表</td><td></td><td></td><td></td><td></td><td></td></tr>
<tr><td colspan="6">所有接受交底人员：（可另附签到表）</td></tr>
</table>

____________________建设项目　　　　A14-2

安全技术交底签到表

交底单位名称：　　　　交底单位名称：

交底内容：　　　　交底日期：

序号	姓　　名	部门/班组	职务/工种	序号	姓　　名	部门/班组	职务/工种

________建设项目　　　　A15

（　）安全检查记录表

单位名称：　　　　　　　　　　　　　　　　编号：

<table>
<tr><td>检查负责人</td><td></td><td>参检人员</td><td colspan="2"></td></tr>
<tr><td>检查区域/桩号</td><td></td><td>检查时间</td><td colspan="2"></td></tr>
<tr><td>检查内容</td><td colspan="4"></td></tr>
<tr><td>存在的问题
或安全隐患</td><td colspan="4"></td></tr>
<tr><td>对安全隐患
采取的措施</td><td colspan="4"></td></tr>
<tr><td>受检查单位签字</td><td>（签章）</td><td>日期</td><td colspan="2"></td></tr>
<tr><td rowspan="4">对安全隐患
采取措施的验收</td><td rowspan="4" colspan="3"></td><td>验收人</td></tr>
<tr><td>（签章）</td></tr>
<tr><td>验收时间</td></tr>
<tr><td></td></tr>
</table>

注：1. 表头（　）位置按照检查类型分别填写“日常”、“定期”、”专项”和“季节性”。
　　2. 施工单位对施工队伍检查时，可取消受检查单位签字栏。

________________建设项目 A16-1

安全隐患整改通知单

单位名称： 编号：

<table>
<tr><td>安全隐患里程桩号</td><td colspan="2"></td><td>通知日期</td><td></td></tr>
<tr><td rowspan="4">安全隐患情况描述</td><td rowspan="4" colspan="3">（可附影像资料）</td><td>领导签批</td></tr>
<tr><td>（签章）</td></tr>
<tr><td>安全人员</td></tr>
<tr><td>（签字）</td></tr>
<tr><td rowspan="4">整改要求</td><td rowspan="4" colspan="3"></td><td>整改责任人</td></tr>
<tr><td>（签名）</td></tr>
<tr><td>整改期限</td></tr>
<tr><td></td></tr>
<tr><td rowspan="4">验收意见</td><td rowspan="4" colspan="3"></td><td>验收人</td></tr>
<tr><td>（签名）</td></tr>
<tr><td>日期</td></tr>
<tr><td></td></tr>
</table>

注：本表由上级安全机构负责下达，交责任单位负责人限期整改落实。对拒不整改事故隐患而发生事故的，将受到严厉处罚。本表一式两份，由上级安全机构、责任整改单位各存一份。

______________建设项目　　　　A16-2

安全隐患整改回复单

单位名称：　　　　　　　　　　　　整改通知单编号：

<table>
<tr><td>整改部位/桩号</td><td></td><td>整改时间</td><td colspan="2"></td></tr>
<tr><td>安全隐患形成原因分析</td><td colspan="4"></td></tr>
<tr><td>采取的安全措施</td><td colspan="4">（无法清楚描述的，可另附影像资料）</td></tr>
<tr><td rowspan="4">整改验收意见</td><td rowspan="4" colspan="3"></td><td>验收负责人</td></tr>
<tr><td>（签章）</td></tr>
<tr><td>日期</td></tr>
<tr><td></td></tr>
</table>

注：本表由整改责任单位填写，报上级管理部门申请验收。本表一式两份，上级管理部门、整改责任单位各存一份。

A17

________建设项目

安全隐患登记表

单位名称：　　　　　　　　　　　　　　　　合同段号：

序号	安全隐患部位	安全隐患简述	隐患整改日期	整改情况			验收人	备　注
				整改通知书编号	整改期限	落实情况		

______________建设项目　　A18

安全生产奖惩记录汇总表

单位名称：

序号	日　　期	奖励/处罚	奖/罚事由	被奖罚单位/部门/人员	奖/罚金额	备　　注

________________建设项目　　　　　　A19

安全生产奖励通知单

单位名称：　　　　　　　　　　　　　　　　日期：

受奖励单位/部门/人员					
安全奖励事由					
奖励金额					
制表人		领导批准	（签章）	受奖励单位/部门/人员	（签字）
第一联：由安全管理机构存留					

安全生产奖励通知单

单位名称：　　　　　　　　　　　　　　　　日期：

受奖励单位/部门/人员					
安全奖励事由					
奖励金额					
制表人		领导批准	（签章）	受奖励单位/部门/人员	（签字）
第二联：由受奖励单位/部门/人员存留					

安全生产奖励通知单

单位名称：　　　　　　　　　　　　　　　　日期：

受奖励单位/部门/人员					
安全奖励事由					
奖励金额					
制表人		领导批准	（签章）	受奖励单位/部门/人员	（签字）
第三联：由财务部门存留					

________________建设项目　　　　A20

安全生产违约处理通知单

单位名称：　　　　　　　　　　　　　　　　　　日期：

违约单位/部门/人员					
违约处理事由					
违约处理金额					
制表人		领导批准	（签章）	违约单位/部门/人员	（签字）
第一联：由安全管理机构存留					

安全生产违约处理通知单

单位名称：　　　　　　　　　　　　　　　　　　日期：

违约单位/部门/人员					
违约处理事由					
违约处理金额					
制表人		领导批准	（签章）	违约单位/部门/人员	（签字）
第二联：由违约单位/部门/人员存留					

安全生产违约处理通知单

单位名称：　　　　　　　　　　　　　　　　　　日期：

违约单位/部门/人员					
违约处理事由					
违约处理金额					
制表人		领导批准	（签章）	违约单位/部门/人员	（签字）
第三联：由财务部门存留					

________________建设项目　　　　A21

消防设施、设备使用登记表

单位名称：

序号	名　称	配置地点	数　量	检验有效期	责任人	备　注

A22

______________建设项目

消防设施、设备及防火部位巡查记录表

单位名称：

序号	巡查日期	巡查部位 （防火设施及防火部位）	消防设施、 设备是否到位	消防设施、 设备是否良好	巡查情况 （设备情况、防火部位情况）	处理情况	巡查人

________________建设项目　　　　　　　　A23

安全操作规程汇总表

单位名称：

<table>
<tr><th>序号</th><th>分　类</th><th>安全操作规程名称</th><th>现场设置部位</th><th>责　任　人</th><th>备　注</th></tr>
<tr><td></td><td rowspan="5">普通机械设备</td><td></td><td></td><td></td><td></td></tr>
<tr><td></td><td></td><td></td><td></td><td></td></tr>
<tr><td></td><td></td><td></td><td></td><td></td></tr>
<tr><td></td><td></td><td></td><td></td><td></td></tr>
<tr><td></td><td></td><td></td><td></td><td></td></tr>
<tr><td></td><td rowspan="6">特种设备</td><td></td><td></td><td></td><td></td></tr>
<tr><td></td><td></td><td></td><td></td><td></td></tr>
<tr><td></td><td></td><td></td><td></td><td></td></tr>
<tr><td></td><td></td><td></td><td></td><td></td></tr>
<tr><td></td><td></td><td></td><td></td><td></td></tr>
<tr><td></td><td></td><td></td><td></td><td></td></tr>
<tr><td></td><td rowspan="6">一般工种</td><td></td><td></td><td></td><td></td></tr>
<tr><td></td><td></td><td></td><td></td><td></td></tr>
<tr><td></td><td></td><td></td><td></td><td></td></tr>
<tr><td></td><td></td><td></td><td></td><td></td></tr>
<tr><td></td><td></td><td></td><td></td><td></td></tr>
<tr><td></td><td></td><td></td><td></td><td></td></tr>
<tr><td></td><td rowspan="6">特种作业人员</td><td></td><td></td><td></td><td></td></tr>
<tr><td></td><td></td><td></td><td></td><td></td></tr>
<tr><td></td><td></td><td></td><td></td><td></td></tr>
<tr><td></td><td></td><td></td><td></td><td></td></tr>
<tr><td></td><td></td><td></td><td></td><td></td></tr>
<tr><td></td><td></td><td></td><td></td><td></td></tr>
<tr><td></td><td rowspan="5">危险作业环境</td><td></td><td></td><td></td><td></td></tr>
<tr><td></td><td></td><td></td><td></td><td></td></tr>
<tr><td></td><td></td><td></td><td></td><td></td></tr>
<tr><td></td><td></td><td></td><td></td><td></td></tr>
<tr><td></td><td></td><td></td><td></td><td></td></tr>
<tr><td></td><td rowspan="5">关键工序</td><td></td><td></td><td></td><td></td></tr>
<tr><td></td><td></td><td></td><td></td><td></td></tr>
<tr><td></td><td></td><td></td><td></td><td></td></tr>
<tr><td></td><td></td><td></td><td></td><td></td></tr>
<tr><td></td><td></td><td></td><td></td><td></td></tr>
</table>

注：表后附安全操作规程。

A24

______________建设项目

专项施工方案审查论证登记汇总表

单位名称：

序号	分部分项名称	工程部位/桩号	完工日期	审查备案情况				备　注
				审批表编号	监理审查	专家论证	总监审批情况	

______________建设项目　　　　A25

施工脚手架与支架模板支撑系统挂牌公示汇总表

单位名称：

序号	挂牌部位	里程桩号	完工日期	挂牌情况	验收人	备　注

A26

________________建设项目

桥梁和隧道工程施工安全风险评估汇总表

单位名称：

序号	评估对象	里程桩号	总体风险评估结果	专项风险评估结果	评估等级	监理单位审批情况	是否上报建设单位	备　注

注：1. 附桥梁和隧道工程风险评估报告。

2. 若建设单位提出需要进行专家论证或者复评估的，应附专家复评估结果，并在备注栏中注明。

A27

________________建设项目

劳动防护用品采购记录表

单位名称：

序号	名　称	生产单位	购进数量	购买日期	“三证”归档情况			备　注
					生产许可证	产品合格证	安全鉴定证	

注：1. 附劳动防护用品“三证”复印件。

2. “三证”归档情况栏，在相应的资料栏填写“√”或“×”。

________________建设项目　　　　　　　　A28

劳动防护用品发放记录表

单位名称：

序号	名　　称	发放日期	数量	部门/班组	领用人	备　　注

注：本表同样适用于施工一线从业人员。

A29

____________建设项目

应急救援预案汇总表

单位名称：

序号	预案类型	应急救援预案名称	单位负责人签批情况	实施日期	上级部门审查情况	是否上报相关部门备案	备　注

注：预案类型填写“综合预案”、“专项预案”或“现场处置方案”。

________________建设项目　　　　A30

应急行动记录表

单位名称：

<table>
<tr><td>行动名称</td><td colspan="3"></td><td>总指挥</td><td></td></tr>
<tr><td>行动时间</td><td></td><td>行动地点</td><td></td><td>牵头部门</td><td></td></tr>
<tr><td>参与部门和单位</td><td colspan="5"></td></tr>
<tr><td>行动类别</td><td colspan="5">□事故发生　□桌面演练　□实战演练　□单项演练　□综合演练</td></tr>
<tr><td>物资配备
和人员配置情况</td><td colspan="5"></td></tr>
<tr><td>行动过程描述</td><td colspan="5"></td></tr>
</table>

填表人：

A31

________________建设项目

应急物资清单

单位名称：

序号	物资类别	名　称	型　号	数　量	单　位	摆放位置	保管人	联系电话	备　注
	工程机械								
	工具器材								
	常用急救药品、物品								
	消防设施、设备								
	应急抢险个人防护用品								

________________建设项目　　　　A32

安全管理人员履职能力考核表

单位名称：　　　　　　　　　　　　　　　　　　　　考核时间：

<table>
<tr><td>姓名</td><td></td><td>性别</td><td></td><td>职务</td><td></td><td rowspan="4">照　　片</td></tr>
<tr><td>身份证号</td><td colspan="3"></td><td>职称</td><td></td></tr>
<tr><td>学历</td><td colspan="3"></td><td>毕业时间</td><td></td></tr>
<tr><td>毕（肄、结）业院校</td><td colspan="3"></td><td>所学专业</td><td></td></tr>
<tr><td rowspan="4">工作简历</td><td colspan="6"></td></tr>
<tr><td colspan="6"></td></tr>
<tr><td colspan="6"></td></tr>
<tr><td colspan="6"></td></tr>
<tr><td rowspan="3">参建工程及安全生产管理业绩</td><td colspan="6"></td></tr>
<tr><td colspan="6"></td></tr>
<tr><td colspan="6"></td></tr>
<tr><td>本单位考核意见</td><td colspan="6">（单位盖章）
年　月　日</td></tr>
<tr><td>上级监管单位考核意见</td><td colspan="6">（单位盖章）
年　月　日</td></tr>
</table>

______________建设项目　　A33

安全影像资料记录表

内容		记录人	
日期		地点	
备注			
（照片资料）			
内容		记录人	
日期		地点	
备注			
（照片资料）			

注：本表用于安全（ ）会议记录表（A6–1）、安全教育培训记录表（A10–1）、安全隐患整改通知单（A16–1）、安全隐患整改回复单（A16–2）等表格填写影像资料。

3.2 施工单位专用表（B表）

____________________建设项目　　　　　　　　B1

安全生产费用使用审批表

施工单位：

监理单位：　　　　　　　　　　　　　　　　编号：

结算申报	致______建设指挥部： 根据安全生产费用使用规定，现上报第____期安全生产费用使用报表，本次申请审批金额共计__________元（大写：__________）。一式____份，请予以审核。 项目经理：（签章） 日期：
监理单位意见	
建设单位审核意见	
说明	安全经费（当期）审批应附以下材料：①安全生产费用计划申报表（下月）；②安全生产费用支出明细表；③安全生产费用使用验收表；以上材料均为当期报表

____________________建设项目　　　　B2

安全生产费用计划申报表

施工单位：

监理单位：　　　　　　　　　　　　　　　　编号：

序号	安全经费使用用途/安全物品名称	数量	计划金额	计划用款时间	完成计划日期
施工项目负责人：			安全部门负责人：		
安全监理工程师	审批意见： 日期：				
总监理工程师	审批意见： 日期：				
建设单位安全管理部门	审批意见： 日期：				

B3

________建设项目

安全生产费用支出明细表

____期

____年____月——____年____月

编号：

单位名称：

金额单位： 元

序号	安全经费投入实施内容	规格（型号）	数　量	单　价	金　额	发票单据复印张数	备　注
合　计							

审核：　　　　填表人：

B4

______________建设项目

安全生产费用使用验收记录表

施工单位：

监理单位：

编号：

（图片资料或情况描述）	编号		（图片资料）	编号	
	安全 设施名称			安全 设施名称	
	使用位置			使用位置	
	日期			日期	
	记录人			记录人	
（图片资料或情况描述）	编号		（图片资料）	编号	
	安全 设施名称			安全 设施名称	
	使用位置			使用位置	
	日期			日期	
	记录人			记录人	

安全监理工程师：　　　　　　　　项目经理：

______________建设项目　　　　B5

采购（租赁）安全设备、设施、物资验收表

单位名称：　　　　　　　　　　　　　　　　填表日期：

<table>
<tr><td>名称</td><td></td><td>购置日期</td><td></td><td>数量</td><td></td></tr>
<tr><td>型号（规格）</td><td></td><td>生产厂家</td><td></td><td>新旧程度</td><td></td></tr>
<tr><td>合同号</td><td colspan="5">（若为采购设备，此栏可以删除）</td></tr>
<tr><td colspan="6">验收、出厂资料及相关附件</td></tr>
<tr><td colspan="2">名　称</td><td colspan="2">规　格</td><td colspan="2">数　量</td></tr>
<tr><td colspan="2"></td><td colspan="2"></td><td colspan="2"></td></tr>
<tr><td colspan="2"></td><td colspan="2"></td><td colspan="2"></td></tr>
<tr><td colspan="2"></td><td colspan="2"></td><td colspan="2"></td></tr>
<tr><td colspan="6">验收情况及意见：</td></tr>
<tr><td colspan="6">验收小结：

验收人：
日期：</td></tr>
</table>

注：一机（同类物品）一档，表后附安全设备、设施和物资的出厂资料复印件。

B6

______________建设项目

机械设备管理登记表

单位名称：

序号	设备名称	型号/规格	进场时间	退场时间	操作人员				备注
					姓名	发证机关	证书编号	有效期	

填表人：

注：要求对每部机械设备建立档案资料（设计文件、产品质量合格证明和安装及使用维修说明材料）。

B7

______________建设项目

特种设备检验、验收资料登记表

单位名称：

序号	设备名称	型号/规格	进场时间	退场时间	检测单位	检测有效期	出厂附件			操作人员		
							设计文件	产品质量合格证明	安装及使用维修说明	姓名	证书编号	有效期

填表人：

注：1. 出厂附件一栏，在对应栏中填写“√”或“×”。

2. 附特种设备设计文件、产品质量合格证明和安装及使用维修说明等资料复印件。

______________建设项目　　　　B8

机械设备检查、维修、保养记录表

单位名称：

设备名称		规格/型号		操作人员	
维修/保养	维修/保养日期	维修/保养项目及内容	维修/保养后状态	维修/保养人员	备　注

填表人：

注：该表为一机一档，专表专用，不同机械设备间不得相互使用。

______________建设项目　　B9

安全标志标牌购置记录汇总表

单位名称：

序号	标志标牌名称	规　　格	数　　量	购 置 日 期	备　　注

填表人：

______________建设项目　　B10

安全标志标牌设置记录表

单位名称：

<table>
<tr><td>标志标牌名称</td><td></td><td>规格</td><td></td></tr>
<tr><td>数量</td><td></td><td>设置时间</td><td></td></tr>
<tr><td>设置部位</td><td colspan="3"></td></tr>
<tr><td colspan="4">（照片资料）</td></tr>
<tr><td>标志标牌名称</td><td></td><td>规格</td><td></td></tr>
<tr><td>数量</td><td></td><td>设置时间</td><td></td></tr>
<tr><td>设置部位</td><td colspan="3"></td></tr>
<tr><td colspan="4">（照片资料）</td></tr>
</table>

填表人：

B11

______________建设项目

电工巡查（维修）工作记录表

单位名称：

序号	巡查日期	巡查部位	巡查内容	维修项目及内容	巡查人

________________建设项目　　　　B12

三级安全教育登记卡

单位名称：

<table>
<tr><td>姓名</td><td colspan="2"></td><td>性别</td><td></td><td>年龄</td><td></td></tr>
<tr><td>文化程度</td><td colspan="2"></td><td>工作部门</td><td></td><td>职务</td><td></td></tr>
<tr><td>身份证</td><td colspan="2"></td><td>报到日期</td><td></td><td>考试成绩</td><td></td></tr>
<tr><td rowspan="4">公司教育</td><td colspan="5" rowspan="4">学时：　　　　日期：</td><td>教育人</td></tr>
<tr><td>（签字）</td></tr>
<tr><td>受教育人</td></tr>
<tr><td>（签字）</td></tr>
<tr><td rowspan="4">项目部教育</td><td colspan="5" rowspan="4">学时：　　　　日期：</td><td>教育人</td></tr>
<tr><td>（签字）</td></tr>
<tr><td>受教育人</td></tr>
<tr><td>（签字）</td></tr>
<tr><td rowspan="4">班组教育</td><td colspan="5" rowspan="4">学时：　　　　日期：</td><td>教育人</td></tr>
<tr><td>（签字）</td></tr>
<tr><td>受教育人</td></tr>
<tr><td>（签字）</td></tr>
<tr><td colspan="7">准上岗人意见：
批准人：　　　　日期：</td></tr>
</table>

__________________建设项目　　　　　　B13

安全教育登记卡（农民工用）

单位名称：____________项目部____________施工队

<table>
<tr><td>姓名</td><td></td><td>性别</td><td></td><td>籍贯</td><td></td></tr>
<tr><td>年龄</td><td></td><td>工种</td><td></td><td>健康状况</td><td></td></tr>
<tr><td>家庭住址</td><td colspan="2"></td><td>身份证</td><td colspan="2"></td></tr>
<tr><td>教育内容</td><td colspan="5">学时：　　　　　　　　日期：</td></tr>
<tr><td>教育人</td><td colspan="2"></td><td>受教育人</td><td colspan="2"></td></tr>
<tr><td colspan="6">准上岗人意见：

批准人：　　　　日期：</td></tr>
</table>

____________________建设项目 B14

专项施工方案审查表

施工单位：

监理单位： 编号：

<table>
<tr><td>分部分项工程名称</td><td></td><td>工程部位/桩号</td><td></td></tr>
<tr><td>计划开工日期</td><td></td><td>计划完工日期</td><td></td></tr>
<tr><td>项目部意见</td><td colspan="3">致公司（第____总监办）：
根据危险性较大分部分项工程专项方案安全管理办法，现上报__________安全专项施工方案文件一式____份，请予以审查。
项目部技术负责人：（签章）
日期：</td></tr>
<tr><td>施工单位意见</td><td colspan="3">致____总监办：
依据危险性较大分部分项工程专项方案安全管理办法，编制的__________安全专项施工方案，已通过专家论证。根据专家组论证意见，我单位对安全专项方案进行修改完善，现上报方案文件一式____份，请予以审批。
企业技术负责人：（签章）
日期：</td></tr>
<tr><td>专业监理工程师意见</td><td colspan="3">专业监理工程师：
日期：</td></tr>
<tr><td>安全监理工程师意见</td><td colspan="3">安全监理工程师：
日期：</td></tr>
<tr><td>总监理工程师意见</td><td colspan="3">总监理工程师：
日期：</td></tr>
</table>

注：若专项施工方案不需要专家论证，则施工单位意见栏可以取消不填。

B15

________________建设项目

职民工驻地审批汇总表

单位名称：

序号	驻地位置	驻地性质	面积	入驻人数	拟使用时间	审批审查情况			备　注
						审批表编号	监理单位	建设单位	

填表人：

注：1. 驻地性质填写“新建”、“租用”；备注栏中可对已拆除的驻地进行标注。
2. 表后附职民工驻地选址方案。

______________建设项目　　B16

交接班记录表

单位名称：

<table>
<tr><td>施工部位</td><td colspan="3"></td></tr>
<tr><td>交班人</td><td></td><td>接班人</td><td></td></tr>
<tr><td>日期</td><td>年　月　日</td><td>时间</td><td>时　分</td></tr>
<tr><td>交接设备、环境
及工程进度情况</td><td colspan="3">（交班人填写）</td></tr>
</table>

____________________建设项目　　　　　　　　B17

隧道人员进出登记表

单位名称：　　　　　　　　隧道名称：　　　　　　　　日期：

序号	隧道进出洞人员姓名	单位/班组	职务/工种	进洞时间	出洞时间	备注

B18

________________建设项目

施工单位资质证书登记表

施工单位：　　　　　　　　　　　　　　　　监理单位：

序号	单位名称	证书名称	证书编号	取证日期	有效截止日期	备　注

注：1. 证书填写内容包括“企业营业执照”、“安全生产许可证”、“建筑施工资质证书”及其他需要填写的证书。
2. 填写单位包括“施工企业”及“分包”、“劳务”单位。

B19

____________建设项目

特种（设备）作业人员登记表

单位名称：

序号	姓名	性别	文化程度	身份证号	操作类别	发证机关	证书编号	取证日期	到期日期	备　注

填表人：

注：操作类别按照特种（设备）作业人员分类为①电工作业；②焊接与热切割作业；③高处作业；④电梯作业；⑤起重机械作业；⑥特种设备焊接作业；⑦爆破作业等。附特种（设备）人员操作证复印件。

B20

______________建设项目

“三类人员”持证情况登记表

单位名称：

序号	姓名	性别	职务	发证机关	证书编号	取证日期	到期日期	备　注

填表人：

注：附安全管理人员身份证、职称证、“三类人员”证件复印件。

B21

______________建设项目

从业人员登记表

单位名称：________项目部________施工队

序号	姓名	性别	年龄	岗位/工种	家庭住址	身份证号码	家庭联系电话	进场时间	退场时间	备　注

工队负责人：

注：附施工作业人员身份证复印件。

B22

________________建设项目

安全保通方案汇总表

单位名称：

序号	方案名称	里程桩号	相关部门审批情况	审批时间	备　注

填表人：

注：附安全保通方案。

B23

________________建设项目

危险源识别、评价、控制一览表

单位名称：　　　　　　　　分部分项工程/工艺工序名称：　　　　　　　　里程桩号：

序号	伤害类别	存在的危险	危险、危害因素评价				风险等级	控制措施
			$D=LEC$					
			D	L	E	C		

填表人：

B24

______________建设项目

重大风险源及控制措施清单

单位名称：

序号	里程桩号	单元划分 分部分项工程/工艺工序名称	存 在 的 危 险	风险等级	控 制 措 施	备 注

填表人：

B25

__________建设项目

重大危险源控制清单

单位名称：

序号	作业活动场所	重大危险源	监控预警措施	应急预案编制情况	备　注

填表人：

B26

________________建设项目

危险品管理登记表

单位名称：

序号	危险品名称	存放位置	存放数量	存放部门负责人	使用部门	用途	使用责任人

填表人：

__________建设项目　　B27

项目负责人施工现场 ____月带班计划表

单位名称：　　合同段号（工区号）：　　监督电话：

日期	项目负责人	巡查部位	巡查/蹲点	联系方式	备　注
1					
2					
3					
4					
5					
6					
7					
8					
9					
10					
11					
12					
13					
14					
15					
16					
17					
18					
19					
20					
21					
22					
23					
24					
25					
26					
27					
28					
29					
30					
31					

审批：　　填表人：

注：单位名称填写①项目部名称；②分包单位名称；③分段（工区）号。

____________________建设项目　　　　　　　　B28

项目负责人施工现场带班生产情况记录表

单位名称：

日期		天气	
检查区域	（需填写巡查区域和蹲点部位）		
施工情况描述			
带班过程中发现的问题及处理情况			
带班负责人	（签字）		

注：本表由带班负责人填写。

____________________建设项目　　　　B29

施工单位安全资料审批表

施工单位：

监理单位：　　　　　　　　　　　　　　编号：

<table>
<tr><td>施工单位意见</td><td>致__________________：

根据______________________规定，现上报__________________文件。一式_______份，请予以审核。

项目负责人：（签章）
日期：</td></tr>
<tr><td>监理单位意见</td><td>安全监理工程师：

（签字）
日期：

总监理工程师：

（签字）
日期：</td></tr>
<tr><td>建设单位审核意见</td><td>安全管理机构：

日期：

分管安全副指挥长：

日期：

指挥长：

日期：</td></tr>
</table>

注：在报送安全管理体系文件时，施工单位意见栏应由母体公司分管领导（或技术负责人）组织审核签批。

____________________建设项目　　B30

施工单位安全资料告知备案表

施工单位：

监理单位：　　　　　　　　　　编号：

<table>
<tr><td>安全管理资料名称</td><td></td><td>完成编制日期</td><td></td></tr>
<tr><td>施工单位意见</td><td colspan="3">致__________：
根据____________________制度，我单位已经完成____________________
_____的编制，现上报______________文件一式___份，请予以登记备案。
项目负责人：（签章）
日期：</td></tr>
<tr><td>监理单位告知备案</td><td colspan="3">监理单位接收人：
日期：</td></tr>
<tr><td>建设单位告知备案</td><td colspan="3">建设单位接收人：
日期：</td></tr>
<tr><td>其他部门</td><td colspan="3">接收单位：
接收人：
日期：</td></tr>
<tr><td>说明</td><td colspan="3">安全管理资料备案文件包括以下文件及其附件资料：①特种设备检验、验收资料登记台账；②资质证书备案登记台账；③特种（设备）作业人员登记表；④“三类人员”登记表；⑤其他需要登记备案的文件。</td></tr>
</table>

3.3 监理单位专用表（C表）

____________________建设项目 C1

安全监理人员登记表

监理单位：

序号	姓名	性别	年龄	职务	职称	安全监理培训合格证编号	备　注

填表人：

注：附相关人员的身份证、职称证、安全证（培训证）复印件。

__________建设项目　　C2

安全监理日志

编号：__________

监理机构		合同号	
记录人		日期	
审核人		日期	
天气			
合同段主要施工项目简述			
监理机构主要工作简述（审批、验收、巡查、旁站、会议等）			
就有关问题与建设单位、施工单位等进行澄清或处理的情况简述			

______________建设项目　　　　C3-1

安全监理指令

编号：__________

施工单位		合同号	
监理单位		监理机构	
签发人		日期	

致__________：

（阐述指令依据，施工单位不符合规定的事实及整改要求等）

请于______年______月______日前回复

抄（报）送：

签收人		日期	

____________________建设项目　　　　　　C3-2

安全监理指令回复单

施工单位：

监理单位：　　　　　　　　　　　　安全监理指令编号：

<table>
<tr><td>监理机构</td><td></td><td>安全监理指令编号</td><td></td></tr>
<tr><td colspan="4">致____________________：

（简述指令的执行情况，包括整改措施、过程和结果等，必要时需附影像证明材料）</td></tr>
<tr><td>施工单位
主要负责人</td><td>（签章）</td><td>日期</td><td></td></tr>
<tr><td colspan="4">监理单位验收意见：</td></tr>
<tr><td>签收人</td><td>（签章）</td><td>日期</td><td></td></tr>
<tr><td>抄报（送）单位</td><td colspan="3"></td></tr>
</table>

______________建设项目　　C4

工程暂停令

施工单位：

监理单位：　　　　编号：

<table>
<tr><td>监理机构</td><td colspan="3"></td></tr>
<tr><td>签发人</td><td>（签章）</td><td>签发日期</td><td></td></tr>
<tr><td colspan="4">致______________：
由于：

（存在安全隐患，影像资料，不够可另附页）

原因，现通知贵单位于________年________月________日________时起，对本工程的____________部位（工序）实施暂时停工，并按照以下要求做好各项工作。

（停工整改要求）</td></tr>
<tr><td>签收人</td><td>（签字）</td><td>日期</td><td></td></tr>
<tr><td>抄报（送）单位</td><td colspan="3"></td></tr>
</table>

注：本表由总监理工程师签字盖章后下发，签收单位必须按照要求进行整改。本表一式两份，监理单位和责任整改单位各存一份。

______________建设项目　　　　　　C5

安全资料告知备案表

监理单位：　　　　　　　　　　　　　　　　　编号：

<table>
<tr><td>安全管理资料名称</td><td></td><td>完成编制日期</td><td></td></tr>
<tr><td>监理单位意见</td><td colspan="3">致__________：

根据__________制度，我单位已经完成______________的编制，现上报__________文件一式_____份，请予以登记备案。

总监理工程师：（签章）
日期：</td></tr>
<tr><td>建设单位
告知备案</td><td colspan="3">建设单位接收人：
日期：</td></tr>
<tr><td>其他</td><td colspan="3">接收单位：
接收人：
日期：</td></tr>
<tr><td>说明</td><td colspan="3"></td></tr>
</table>

3.4 建设、监管单位专用表（D表）

______________建设项目　　　　D1

云南省公路建设开工安全条件达标通知书

项目名称：

<table>
<tr><td>合同段</td><td></td><td>里程桩号</td><td></td></tr>
<tr><td>法人单位名称</td><td colspan="3"></td></tr>
<tr><td>工作内容</td><td colspan="3"></td></tr>
<tr><td colspan="4">工程安全条件达标自评意见：

（中标单位公章）
年　月　日</td></tr>
<tr><td colspan="4">监理单位审查意见：

（公章）
年　月　日</td></tr>
<tr><td colspan="4">建设单位审查意见：

（公章）
年　月　日</td></tr>
</table>

注：本表分合同段填报。

D2

______________建设项目

工程项目开工前安全生产条件核查表

项目名称：

序号	安全生产条件核查内容	需附资料	是否满足	存在问题说明
1	建设单位安全生产费用提取及使用符合国家行业相关要求	附招标文件安全生产费用标准（工程量清单）		
2	建设、监理、施工单位三方签订安全生产管理协议，明确各方安全职责	附签订的安全生产协议书复印件		
3	建设单位设置安全生产管理部门； 施工单位设置安全生产管理机构，配备人数、人员素质与工程规模相匹配； 监理单位设置专职安全监理工程师岗位	附相关文件复印件等		
4	施工单位安全生产许可证有效	附施工单位安全生产许可证复印件		
5	施工单位安全管理人员持“三类人员”考核培训合格证书上岗，进场“三类人员”资格、实际岗位与合同文件或变更文件对应	附“三类人员”花名册，并附证书复印件，提供合同文件及相应管理文件、工作记录		
6	已进场的特种作业人员操作资格证书有效，与相应工作对应	附特种作业人员花名册，并附证书复印件		

续上表

序号	安全生产条件核查内容	需附资料	是否满足	存在问题说明
7	制订主要施工设备进场计划，已进场主要施工设备出厂合格证或检验资料证明及报验计划齐全	附施工设备进场计划，附已进场主要施工设备出厂合格证或检验资料证明复印件和报验计划		
8	施工组织设计中要编制安全措施和现场临时用电方案，且经监理审批	附经监理审批的施工组织设计及其临时用电方案		
9	拟开工且超过一定规模的危险性较大工程专项施工方案有专家论证报告	附论证记录文件或报告		
10	主要施工风险已辨识评估，并制订预控措施	附主要施工风险辨识评估及预控措施资料		
11	拟开工的分部分项工程，施工单位应对从业人员开展安全生产教育培训	附培训记录		
12	监理工程师持证符合要求，安全监理人员按要求进场，并编制安全监理规（计）划	附安全监理人员名单及安全监理资格证书复印件，并附安全监理规（计）划		

建设单位（盖章）：　　　　核查人：　　　　核查日期：

注：项目业主向项目主管单位或安全监督机构报备时，1~4项应附附件资料，其余项附项目业主核查清单。

____________________建设项目　　　　　　　　D3

安全抽查意见通知书

<table>
<tr><td rowspan="5">基本情况</td><td>项目名称</td><td></td><td>合同段</td><td></td></tr>
<tr><td>建设单位
（项目法人）</td><td></td><td>负责人</td><td></td></tr>
<tr><td>设计单位</td><td></td><td>负责人</td><td></td></tr>
<tr><td>施工单位</td><td></td><td>负责人</td><td></td></tr>
<tr><td>监理单位</td><td></td><td>负责人</td><td></td></tr>
<tr><td>安全隐患及整改要求</td><td colspan="4">检查人：　　　　　　年　月　日（盖章）</td></tr>
<tr><td>受检单位签收</td><td colspan="4">年　月　日（盖章）</td></tr>
</table>

注：本表一式三份，建设单位（项目法人）及项目监管单位各一份，报监督单位存档一份。

__________________建设项目　　　　　　　　D4

停工通知书

________建设单位（项目法人）________________________：

经检查，____________项目____________________________________合同段____________________工程，因下述原因，责令于________年_____月______日暂停施工，特此通知。请在接此通知后，立刻知照有关单位执行，并将工程返工或处治情况书面报告我单位。在没有接到复工通知书之前，不得擅自复工。

附：工程停（返）工原因如下：

____

____

____

____

____

经办：________________（监管单位）　　　　年　月　日（盖章）

经办人：________________

签收：________________建设单位（项目法人）　年　月　日（盖章）

签收人：________________

注：本通知书一式三份，建设单位（项目法人）及项目监管单位各一份，监督单位存档一份。

______________建设项目　　　　　　　　D5–1

安全隐患整改情况报告

（监督或监管单位名称）：

你单位______________（文件名、编号）收悉。经我单位现场检查核实，现已整改完毕。

特此报告。

附：1. 安全隐患督查整改反馈表

2. 整改相关图片资料

建设单位：（章）

年　月　日

______________________建设项目　　　　　　D5-2

安全隐患督查整改反馈表

<table>
<tr><td rowspan="5">基本情况</td><td>项目名称</td><td></td><td>合同段</td><td></td></tr>
<tr><td>建设单位
（项目法人）</td><td></td><td>负责人</td><td></td></tr>
<tr><td>设计单位</td><td></td><td>负责人</td><td></td></tr>
<tr><td>施工单位</td><td></td><td>负责人</td><td></td></tr>
<tr><td>监理单位</td><td></td><td>负责人</td><td></td></tr>
<tr><td>整改要求
及整改结果</td><td colspan="4">责任单位签字：　　　　年　月　日</td></tr>
<tr><td colspan="5">施工单位意见：

施工单位负责人：　　　　年　月　日</td></tr>
<tr><td colspan="5">监理单位意见：

监理单位负责人：　　　　年　月　日</td></tr>
<tr><td colspan="5">建设单位（项目法人）意见：

建设单位（项目法人）负责人：　　　　年　月　日</td></tr>
</table>

____________________建设项目　　　　　　　　　D6

复 工 通 知 书

__建设单位（项目法人）______：

你单位________年____月____日报送的____________收悉，经项目监督单位复查，同意____________自本通知书签发之日起复工。

特此通知。

（盖章）

年　月　日

注：本通知书一式两份，建设单位（项目法人）及项目监管单位各存档一份。

D7

________________建设项目

重大安全隐患挂牌督办表

序号	隐 患 地 点	隐 患 简 介	整改时限	监控及整改措施	责任单位责任人联系方式（手机）	督办单位及负责人	监管单位及负责人

D8

________建设项目

意外伤害保险登记汇总表

序号	施工单位	合同段号	项目负责人	承险单位	开工日期	竣工日期	保险合同号	保险费额	保险期限	备注

3.5 其他用表（E表）

__________建设项目　　E1

职民工驻地安全检查表

单位名称：

<table>
<tr><td colspan="2">检查人员</td><td colspan="2"></td><td>检查时间</td><td></td></tr>
<tr><td colspan="2">驻地位置</td><td colspan="2"></td><td>实际入驻人数</td><td></td></tr>
<tr><td rowspan="6">检查内容</td><td>周边环境情况</td><td colspan="4"></td></tr>
<tr><td>安全通道
及应急物资情况</td><td colspan="4"></td></tr>
<tr><td>消防设施情况</td><td colspan="4"></td></tr>
<tr><td>临时用电</td><td colspan="4"></td></tr>
<tr><td>治安维稳</td><td colspan="4"></td></tr>
<tr><td>居住条件
及卫生情况</td><td colspan="4"></td></tr>
<tr><td colspan="2">整改要求</td><td colspan="4"></td></tr>
<tr><td colspan="2">受检查单位负责人</td><td colspan="2">（签字）</td><td>日期</td><td></td></tr>
<tr><td colspan="2" rowspan="4">整改结果</td><td colspan="3" rowspan="4"></td><td>复查人</td></tr>
<tr><td></td></tr>
<tr><td>复查时间</td></tr>
<tr><td></td></tr>
</table>

填表人：

____________________建设项目　　　　　　　　　　E2

施工脚手架与支架模板系统安全质量自检表

单位名称：

<table>
<tr><td>桩号及部位</td><td colspan="4"></td><td>验收日期</td><td></td></tr>
<tr><td>脚手架类型</td><td colspan="3">□承重/□非承重</td><td>设计方案文件编号</td><td colspan="2"></td></tr>
<tr><td>检查项目</td><td colspan="5">质量、安全检查标准（规范或设计标准）</td><td>检查结果</td></tr>
<tr><td rowspan="7">脚手架</td><td colspan="5">脚手架材料质量合格</td><td></td></tr>
<tr><td colspan="5">基础稳定、承载力满足设计要求；硬化、排水满足设计要求</td><td></td></tr>
<tr><td colspan="5">横杆接头搭接长度不小于___cm</td><td></td></tr>
<tr><td rowspan="2">立杆</td><td>横向间距</td><td>单排___m</td><td>双排___m</td><td>满堂架不大于_____m</td><td></td></tr>
<tr><td>纵向间距</td><td>单排___m</td><td>双排___m</td><td>满堂架不大于_____m</td><td></td></tr>
<tr><td>横杆</td><td>层高</td><td>单排___m</td><td>双排___m</td><td>满堂架不大于_____m</td><td></td></tr>
<tr><td colspan="5">按规范（设计）要求设立斜撑杆、剪刀撑、缆风绳；
架杆横平竖直，搭设牢固、稳定，不变形</td><td></td></tr>
<tr><td rowspan="5">安全防护</td><td colspan="5">工作平台脚手板满铺、平整、绑牢，搭接长度不小于___ cm</td><td></td></tr>
<tr><td colspan="5">工作爬梯、安全护栏、踢脚板、安全网设置符合规范（设计）要求</td><td></td></tr>
<tr><td colspan="5">排架与墩台、边坡坡面连接牢固</td><td></td></tr>
<tr><td colspan="5">边坡施工脚手架，坡顶杂物清理干净，边坡浮渣作必要的处理</td><td></td></tr>
<tr><td colspan="5">其他：________________________</td><td></td></tr>
<tr><td>施工单位
自检结果</td><td colspan="5"></td><td>施工单位技术负责人：
（签字）

分管安全领导：
（签字）</td></tr>
</table>

______________________建设项目　　　　　　　　E3

施工现场临时用电安全检查表

受检查单位名称：

序号	检 查 项 目	检 查 内 容	检 查 结 果	备　　注
1	临时用电方案			
2	外电保护			
3	接地与接零保护系统			
4	三级配电			
5	漏电保护系统			
6	配电箱设置			
7	配电线路			
8	现场照明			
9	电气装置			
10	其他			

检查人员：　　　　　　　　　　　　　　　　　　日期：

E4

________________建设项目

隧道施工安全检查表

受检查单位名称：

序号	隧道名称	安全距离							其他			备注
		掘进长度	围岩等级	掌子面桩号	仰拱桩号	二衬桩号	掌子面与仰拱距离	掌子面与二衬距离	施工防护	通风	逃生救援系统	

检查人员：　　　　　　　　　　　　日期：

________________建设项目　　　　E5

人工挖孔桩安全检查表

受检查单位名称：

序号	检查项目	检查内容	检查结果	备　注
1	专项施工方案			
2	孔口防护			
3	井内防护	（半月形防护板等）		
4	通风及有毒有害气体检测情况			
5	护壁拆模			
6	井内作业	（劳动防护用品等）		
7	现场照明			
8	提升机具情况			

检查人员：　　　　　　　　　　　　　　　　日期：

________________建设项目 E6

桥梁梁板预制及吊装安全检查表

受检查单位名称：

序号	分类	检查项目	检查内容	检查结果	备　注
1	资料	专项施工方案			
2	梁板预制	预制场地及周边情况			
3		张拉设备			
4		张拉作业			
5		灌浆作业			
6		梁板支护及存放区域周边情况			
7	梁板吊装	运梁机具及运输路面情况			
8		架桥机械安全状况			
9		施工作业人员协调配合情况			
10	其他	临时用电及临边防护情况			

检查人员：　　　　　　　　　　　　　　　　　　　　　　　　日期：

__________建设项目　　E7

安全防护检查表

受检查单位名称：

序号	检查项目	检查内容	检查结果	备　注
1	安全帽			
2	安全网			
3	安全带			
4	预留洞口防护			
5	通道口防护			
6	楼梯口、电梯口防护			
7	作业平台临边防护			

检查人员：　　　　日期：

参考文献

[1] 中华人民共和国行业标准. JTJ 076—1995　公路工程施工安全技术规程[S]. 北京: 人民交通出版社, 1995.

[2] 中华人民共和国行业标准. JTG G10—2006　公路工程施工监理规范[S]. 北京: 人民交通出版社, 2006.

[3] 中华人民共和国国家标准. GB 18218—2009　危险化学品重大危险源辨识[S]. 北京: 中国标准出版社, 2009.

[4] 中华人民共和国安全生产行业标准. AQ/T 9006—2010　企业安全生产标准化基本规范[S]. 北京: 煤炭工业出版社, 2010.

[5] 交通运输部工程质量监督局. 公路桥梁和隧道工程施工安全风险评估制度及指南解析[M]. 北京: 人民交通出版社, 2011.